MI PRIMERA ENCICLOPEDIA DE ANIMALES

Texto:
Paul Dowswell

Diseño:
Karen Tomlins
Verinder Bhachu

Color digital: Fiona Johnson
Diseño de portada: Mary Cartwright
Dirección editorial: Judy Tatchell
Asesora: Margaret Rostron

Traducción: Sonia Tapia
Redacción en español:
Pilar Dunster y Anna Sánchez

Índice de materias

El mundo animal

Existen millones de animales diferentes, pero todos se pueden clasificar en grupos con características comunes. En este libro aparecen cinco grupos de animales.

Mamíferos

Los mamíferos alimentan con leche a sus crías. Casi todos tienen pelo y suelen ser vivarachos y curiosos. Los mamíferos, desde los osos polares a los camellos, se encuentran en todo el mundo.

Aves

Las aves son los únicos animales que tienen plumas y alas. Algunas no vuelan, pero corren o nadan muy bien. Todas las aves ponen huevos y cuidan de sus crías.

Gracias a la forma de sus cuerpos, los pájaros pueden desplazarse deprisa por el aire.

Estos cachorros de león, como todas las crías de mamífero, están al cuidado de su madre.

Reptiles

Los reptiles tienen la piel seca y con escamas. Casi todos ponen huevos. Aunque hay reptiles en la mayoría de los países, por lo general viven en las zonas más cálidas del planeta.

El camaleón es un reptil que cambia de color para camuflarse.

Invertebrados

En el mundo abundan los animales invertebrados, como los insectos, las arañas y los ciempiés. Constituyen las cuatro quintas partes de todas las clases de animales conocidos.

Los invertebrados más numerosos son los insectos. Todos tienen seis patas y la mayoría posee alas.

Existen invertebrados de formas diversas. Éste tan largo es un ciempiés.

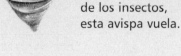

Como la mayoría de los insectos, esta avispa vuela.

Vida acuática

En el agua viven muchos animales diferentes: desde peces y mamíferos, como las focas y los delfines, hasta medusas y langostas. Incluso hay animales que viven en el fondo de los océanos.

El pez león respira bajo el agua, como todos los peces.

Los mamíferos

El chimpancé vive en las selvas de África.

Los animales de estas dos páginas no se parecen, pero ya naden en el mar, vuelen por los aires o vivan en tierra firme, todos ellos son mamíferos. Existen miles de clases de mamíferos, tú entre ellos, porque los seres humanos también son mamíferos.

Mantener el calor

El cuerpo de los mamíferos produce calor propio y su temperatura permanece constante tanto si hace frío como calor. Por eso decimos que son animales de sangre caliente. Los mamíferos necesitan mucha energía para mantener el calor, y tienen que comer con frecuencia.

El pelaje de este chimpancé ayuda a mantener el calor del cuerpo cuando el entorno es frío.

Comida para las crías

Todas los mamíferos alimentan a sus crías con leche. La leche es producida por unos órganos, llamados glándulas mamarias, que están en el pecho o el vientre de la madre. La leche es un alimento muy nutritivo y fácil de tragar para las crías.

Este cervatillo mama la leche que se produce en el cuerpo de su madre.

Los voladores

Los murciélagos son los únicos mamíferos que vuelan. Emplean las extremidades como si fueran alas. Las alas son de piel, que se extiende entre los huesos de las patas.

Aquí se ve cómo los murciélagos utilizan las extremidades a modo de alas. Los largos dedos sostienen la piel del ala.

Este murciélago se llama zorro volador.

Los nadadores

Algunos mamíferos, como las ballenas, los delfines y las focas, viven en el mar. Sin embargo, respiran aire al igual que todos los mamíferos y tienen que salir de vez en cuando a la superficie.

La ballena es el animal más grande del mundo.

A diferencia de la mayoría de los mamíferos, las ballenas no tienen pelo.

Ornitorrinco

Los ovíparos

Sólo hay tres clases de mamíferos que ponen huevos en lugar de parir a sus crías. Uno es el ornitorrinco, que deposita los huevos en un nido dentro de su madriguera, a la orilla del río. Cuando salen las crías, chupan la leche que rezuma de la piel de la madre.

¿Qué hay de cena?

Algunos animales comen plantas, otros carne y otros las dos cosas. Los animales herbívoros tienen los dientes planos para poder masticar mejor la hierba. Los carnívoros tienen los dientes afilados para matar y devorar a sus presas.

Un gerenuk comiendo hojas.

Herbívoros

Muchos herbívoros comen sólo una clase de planta, o sólo una parte de la planta. Por eso en una misma zona puede haber alimento suficiente para que vivan varias especies de animales. Aquí tienes un ejemplo con animales de la sabana africana.

Las cebras comen hierbas.

Los rinocerontes comen matorrales.

A las jirafas les gustan las hojas.

Los roedores

Rata

Las ratas comen casi de todo e incluso pueden roer el metal. Pertenecen al grupo de los mamíferos roedores. Todos los roedores tienen unos dientes incisivos muy fuertes. Se les van desgastando cuando comen, pero nunca dejan de crecer.

Un caso especial

Alimentarse de una sola clase de comida puede resultar arriesgado. El panda gigante come grandes cantidades de bambú. En las épocas en que no crece mucho bambú, los pandas pasan hambre.

Los pandas también pueden alimentarse de aves y roedores en algunas ocasiones.

Este panda se está comiendo un brote de bambú.

Los carnívoros

La carne proporciona más energía que las plantas, de modo que los carnívoros, como esta leona, dedican menos tiempo a comer que los herbívoros.

La leona tiene unos músculos muy fuertes en las mandíbulas, para poder matar y devorar a su presa.

Un veloz corredor

Todos los grandes felinos se acercan sigilosamente a su presa antes de abalanzarse sobre ella. El guepardo caza de esta manera y además es capaz de recorrer grandes distancias persiguiendo a sus víctimas. La persecución lo deja muy cansado, pero recupera la energía al comer.

Un guepardo corriendo a toda velocidad puede alcanzar los 115 km/h.

Los dientes de una leona tienen formas diversas para poder sujetar, desgarrar y cortar la carne.

Mamíferos nocturnos

Un gran número de animales, incluida la mitad de todas las clases de mamífero, salen por la noche. Muchos de ellos son carnívoros que se alimentan de otros animales nocturnos.

El tarsero sale de caza. Come insectos, lagartos e incluso murciélagos pequeños.

Visión nocturna

Muchos animales que cazan de noche tienen muy buena vista para poder encontrar comida.

Algunos tienen una capa especial en el fondo del ojo, llamada tapetum, que les permite captar el más mínimo destello de luz para poder ver mejor en la oscuridad.

El tapetum se ve brillar en los ojos del animal cuando lo ilumina una luz potente.

Observa lo grandes que son los ojos del tarsero comparados con su cuerpo.

Los animales nocturnos suelen tener los ojos más grandes que los animales diurnos. Los ojos grandes captan mucha más luz.

Orejas y ecos

La mayoría de los animales nocturnos poseen muy buen oído y orejas grandes para captar cualquier ruido que pueda guiarles hacia la comida.

Los murciélagos cazan de noche y chillan mientras vuelan. El sonido del chillido rebota en otros animales y vuelve al murciélago como un eco. Este eco le indica dónde se encuentra la presa.

El murciélago emite chillidos mientras vuela.

El sonido rebota como un eco en un insecto cercano.

Un murciélago de nariz de hoja cazando de noche

Aunque los murciélagos son nocturnos, tienen los ojos pequeños y poca vista. Para compensar, poseen un oído muy agudo.

Sus grandes orejas le permiten captar cualquier sonido.

Al fresco

Muchos animales del desierto sólo salen por la noche, cuando hace fresco. Durante el día hace demasiado calor para cazar.

Esta rata canguro sale de su madriguera cuando el sol se pone.

Buen olfato

Los tejones no ven muy bien, pero poseen un olfato excelente. También tienen buen oído.

Los tejones, que tienen un olfato excelente, husmean el suelo en busca de comida.

Camuflaje

Muchos animales tienen dibujos y colores en la piel que les son muy útiles para confundirse con su entorno. Esto se llama camuflaje. Así pueden cazar a otros animales sin ser vistos. El camuflaje también les ayuda a esconderse de sus enemigos.

Manchas y rayas

Muchos de los mamíferos que viven en las selvas y los bosques tienen manchas o rayas en el pelaje. Estas marcas se confunden con los dibujos de luz que hace el sol al filtrarse entre los árboles.

Las rayas de este tigre de la India le ayudan a pasar desapercibido entre la hierba alta y espesa.

La mayoría de los animales ven en blanco y negro, por lo que les costaría trabajo distinguir a este leopardo en un árbol.

Pelaje liso

Los colores apagados también pueden servir de camuflaje. Estas gacelas se confunden con la hierba seca de color marrón.

Pelaje verde

Este perezoso vive en la selva tropical. Su pelaje gris está cubierto de diminutas plantas verdes y con estos colores despista a sus enemigos camuflado entre las hojas.

Perezoso

Las gacelas dan saltos enormes para demostrar a sus enemigos que no es fácil capturarlas.

Con su vientre claro y su lomo más oscuro, es difícil ver una gacela a lo lejos en la pradera.

Cambio de color

Hay animales, como las liebres de las nieves y los zorros árticos, que siempre están camuflados porque cambian de color con las estaciones. Su pelaje es blanco en invierno y castaño en verano, para no destacar entre los colores del paisaje.

Rayas

Las cebras tienen un dibujo muy marcado en la piel, pero de lejos la bruma provocada por el calor de las planicies africanas desdibuja sus cuerpos que, gracias a las rayas, resultan aún más difíciles de ver.

El pelo blanco de la liebre de las nieves no destaca en el paisaje nevado.

Un zorro ártico en invierno

Un zorro ártico en verano

Supervivencia

Sólo los animales más grandes, fieros y fuertes no tienen miedo de ser atacados por sus enemigos. La mayoría de los animales salvajes viven en constante peligro de ser devorados. Aquí verás algunos de los métodos que emplean para protegerse.

La ardilla tiene unas uñas muy afiladas para agarrarse a las ramas de los árboles.

Salir corriendo

Salir corriendo suele ser la mejor defensa. Las ardillas huyen trepando a los árboles y son capaces de encaramarse a ramas muy delgadas, donde sus enemigos no pueden seguirlas.

Esta ardilla gris está alerta por si ve algún enemigo. Es muy ágil y puede ponerse a salvo trepando deprisa a cualquier árbol.

Púas protectoras

El equidna tiene el cuerpo cubierto de púas afiladas que lo protegen. La ilustración muestra una de las tácticas que usa para defenderse.

Si el equidna se ve amenazado, empieza a cavar con sus garras.

Se entierra en el hoyo y deja al descubierto las púas.

El animal que intente sacarlo del hoyo, se pincha las patas.

Malos olores

Si una mofeta se ve amenazada, vuelve la cola hacia su enemigo. En la cola tiene una glándula que arroja un chorro de un líquido apestoso. El olor es tan horrible que la mayoría de sus adversarios se alejan.

La mofeta alza la cola cuando va a defenderse.

Este animal es un adax. Los cuernos le van creciendo con los años.

Cuernos

Algunos animales herbívoros tienen cuernos afilados. Muchos los usan para defenderse de las fieras carnívoras. Los machos emplean también los cuernos para pelear con sus rivales cuando compiten para aparearse con las hembras.

Los cuernos son de hueso, con una capa exterior de tejido duro, como el de las uñas.

Armaduras

Los armadillos tienen unas placas duras que los protegen como si fueran una armadura. Las placas están unidas y los cubren desde la punta del hocico hasta el final de la cola, de modo que el armadillo está totalmente protegido.

El armadillo se hace una bola cuando lo atacan.

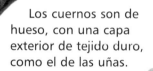

Vida en común

Muchos mamíferos viven en grupos porque es más seguro que vivir en solitario, incluso para los carnívoros más fieros.

Los perros de las praderas viven en grupos y abundan en Norteamérica.

Manadas de cebras

Las cebras viven en pequeños grupos familiares compuestos por un macho, varias hembras y las crías. El grupo permanece unido formando parte de una manada más grande.

Las cebras de la misma familia se acarician con el hocico.

Lazos familiares

Los perros de las praderas viven en madrigueras formando grandes grupos familiares. Cuando se encuentran se olfatean, como los dos de la ilustración superior.

El olor les indica si el otro animal es un miembro de su familia.

Estas cebras forman parte de una gran manada. En una manada puede haber varios cientos de cebras.

Las cebras de esta ilustración hacen guardia por si surge algún peligro mientras el resto del rebaño se alimenta.

Entre los leones

Los leones son los únicos felinos que viven en grupo. Sobreviven repartiéndose el trabajo.

Los machos defienden el territorio de la manada. Las hembras cazan en pequeños equipos, tendiendo emboscadas y ejecutando maniobras de distracción. También cuidan de los cachorros.

Una manada de leones

En pareja

Los gibones viven en familias. Forman parejas que duran toda la vida y tienen una cría cada dos o tres años.

Los hijos se quedan con los padres durante seis años. Cada miembro de la familia busca comida por separado, pero mantienen el contacto en la densa jungla llamándose unos a otros.

Una pareja de gibones

Crías de mamífero

La mayoría de las crías de mamífero son indefensas al nacer y necesitan muchos cuidados. Los animales que pueden esconder a sus crías en un lugar seguro, por ejemplo en un nido, tienen por lo general varias crías. Los demás suelen tener una o dos crías por parto, para poder vigilarlas bien.

Cría de jirafa

Las jirafas suelen tener una cría por parto. Como la cría de jirafa es una presa fácil para un león, su madre tiene que protegerla. Si la cría corre peligro, la madre es capaz de dar una patada mortal porque tiene unas patas muy fuertes.

Grandes camadas

Los ratones tienen grandes camadas (es muy normal que nazcan ocho crías). Las crías nacen en un nido donde están abrigadas y protegidas. A pesar de ello, muchas caen presa de búhos y gatos.

Esta madre jirafa limpia a su cría lamiéndola, para que su olor no atraiga a los enemigos.

Las crías de ratón permanecen con su madre menos de un mes.

Aprendizaje

Los cachorros de oso polar pasan entre dos y tres años con sus madres, aprendiendo a sobrevivir en el Ártico. La madre enseña a los oseznos a cazar para comer. Los cachorros dejan a la madre cuando ya pueden cazar por sí solos.

Los cachorros de oso polar no se separan de sus madres.

En la bolsa

Los mamíferos marsupiales, como este canguro, llevan a sus crías en una bolsa que tienen en el cuerpo. La cría se alimenta de la leche de la madre a través de un pezón situado dentro de la bolsa. También se refugia en ella cuando tiene miedo o necesita descansar.

Una cría de canguro puede viajar así hasta que tiene un año.

Una larga infancia

Los elefantes cuidan de sus crías mucho más tiempo que cualquier otro animal, con excepción de los humanos. Una elefanta puede llegar a cuidar de su hijo durante diez años. Viven en grupos familiares, de modo que las crías también cuentan con los cuidados de sus tías.

Esta cría de elefante está aprendiendo a usar la trompa para beber y bañarse.

Mamíferos marinos

Algunos mamíferos pasan toda su vida en el mar. Otros viven cerca de la orilla y pasan algún tiempo en la playa.

La vida en el mar

Existen tres clases de mamíferos que nunca salen a tierra firme: los delfines, las ballenas y los manatíes. Todos ellos tienen aletas y cola.

Ballenas

Las ballenas son los animales más grandes del mundo. Debajo de la piel tienen una capa de grasa que las ayuda a guardar el calor.

Esta enorme ballena jorobada se encuentra en los mares de todo el mundo.

La ballena respira a través de un agujero en la cabeza, por donde expele el aire con un sonoro resoplido.

La vaca marina

El animal de la derecha es un manatí. También se llama "vaca marina" porque se alimenta de hierbas y plantas acuáticas. Tiene el labio superior hendido para agarrar mejor la comida.

El manatí es un mamífero manso y plácido.

Dentro y fuera

Las focas, los leones marinos y las morsas pasan parte de su vida fuera del agua. Tienen las patas traseras adaptadas para nadar, en vez de una aleta en la cola.

Las focas son unas magníficas nadadoras, pero torpes en tierra firme.

Vida en tierra

Las focas, los leones marinos y las morsas salen del mar para aparearse y parir. En la ilustración se ve una foca haciendo una madriguera en la nieve para su cría.

Esta foca está buscando una grieta en el hielo. A través de ella llega a la nieve y empieza a hacer su madriguera.

Cuando termine de hacer el agujero en la nieve, su cría tendrá un refugio seguro y acogedor.

El cachorro de foca pasa seis semanas en la madriguera.

Delfines

Los delfines son animales inteligentes y sociales, además de veloces nadadores. Al igual que las ballenas y las vacas marinas, se dan impulso en el agua moviendo la aleta trasera para arriba y para abajo.

Estos son delfines manchados del Atlántico. Como todos los delfines, prefieren nadar en grupo.

Las aves

Las aves habitan en casi todas las partes del mundo. Son los únicos animales que tienen plumas. No todas vuelan, pero las que no pueden volar suelen ser estupendas corredoras o nadadoras.

Listos para volar

Muchos pájaros vuelan de maravilla. Los huesos les pesan muy poco porque la mayoría son huecos. Tienen unos fuertes músculos en el pecho para batir las alas, y cuerpos esbeltos que les permiten moverse muy deprisa por el aire.

Este ganso va a aterrizar. Ha estirado las patas para posarlas en el suelo. Sus alas están extendidas para aminorar la velocidad.

Cuerpos de diseño

Los pájaros tienen cuerpos diferentes según su estilo de vida. El cuerpo de los gansos es fuerte y musculoso, ideal para los largos vuelos que realizan cuando emigran a países más cálidos para pasar el invierno. El martín pescador tiene el cuerpo pequeño y con forma de flecha, para poder entrar y salir rápidamente del agua y atrapar peces.

El martín pescador tiene un pico largo y afilado con el que atraviesa a los peces.

Clases de plumas

Las plumas protegen al pájaro del frío, le sirven para volar y le dan color. Existen tres clases: el plumón, que es esponjoso y mantiene el calor; las plumas del cuerpo, cortas y fuertes, que lo mantienen seco, y las plumas largas de vuelo para despegar, volar y aterrizar.

En las alas de esta águila se ven las plumas de vuelo.

Migración

La mitad de las aves vuelan distancias largas, trasladándose de un sitio a otro para criar o alimentarse. Esto se llama migración. Las aves son las grandes viajeras del mundo animal.

En invierno estos gansos vuelan de Canadá a México en busca de alimento.

Plumas esponjosas

Los polluelos están cubiertos de un cálido plumón esponjoso. Cuando crecen desarrollan plumas en el cuerpo y las alas.

Este polluelo tiene un abrigo de plumón para no pasar frío aunque tenga el nido en lo alto de un cerro.

Plumaje aseado

Todos los pájaros se ensucian y se desaliñan. Tienen que limpiarse y alisarse las plumas con el pico para mantenerlas en buenas condiciones.

Esta garza se está limpiando las plumas.

Colorido

Existen pájaros de todos los colores. Aunque algunos tienen un colorido apagado para pasar desapercibidos, otros son de colores brillantes y llamativos para que otros pájaros los reconozcan.

Color rosa

El color rosa de los flamencos se debe a los camarones rosados y otros pequeños animales que comen. Si se alimentaran de otra cosa, tendrían un color marrón amarillento más apagado.

Un flamenco doblando el cuello para alimentarse en el agua

Colores vivos

Casi todos los loros son de bonitos colores. Sus vistosas plumas destacan entre el verde de las selvas en las que viven y sirven para que otros loros los encuentren.

Este lorito orejudo vive en las selvas del oeste de Australia.

En busca de pareja

Muchos pájaros tienen vivos colores para atraer a sus compañeras. Las hembras, en cambio, suelen ser de colores más apagados.

Las atractivas plumas de estos dos faisanes macho sirven para atraer la atención de las hembras.

Faisán de Lady Amherst (macho)

Faisán monal (macho)

Picos llamativos

Durante la época de apareamiento, a los frailecillos machos y hembras les salen coloridas plumas en la cabeza.

Sus picos también se vuelven mucho más llamativos y desarrollan una capa adicional que se cae cuando termina la época de celo.

Antes de aparearse, los frailecillos se frotan el pico.

Perdiz nival

Perfecto camuflaje

Muchos pájaros tienen colores que les ayudan a despistar a sus enemigos. En invierno, la perdiz nival tiene plumas tan blancas como la nieve. Cuando la nieve se funde, las plumas se vuelven marrones para adaptarse al entorno. La mayoría de los polluelos tienen las plumas de colores apagados.

Casi todos los polluelos tienen colores de camuflaje que despistan a sus cazadores.

En el aire

Todas las aves tienen alas, incluso las que no pueden volar. El vuelo permite a los pájaros atrapar comida en el aire o trasladarse a lugares más cálidos donde construir un nido y alimentarse. Volar es también útil para escapar de los enemigos.

El despegue

No todas las aves echan a volar de la misma manera. Los pájaros pequeños simplemente despegan de un salto, pero los grandes, como los cisnes, necesitan más esfuerzo para tomar altura.

Un cisne despliega las alas.

Aletea y corre por el agua.

Por fin se eleva por los aires.

Las cigüeñas se estiran y adoptan una postura aerodinámica para volar. La de la ilustración lleva unas ramas al nido.

De todos los tamaños

Los pájaros pequeños baten las alas deprisa para mantenerse en el aire. Casi todos tienen alas cortas, ideales para revolotear entre árboles y ramas. Los pájaros de mayor tamaño suelen tener alas grandes, con las que planean para ahorrar energía. Sólo aletean de vez en cuando.

Al tener los huesos huecos, incluso los pájaros más grandes son muy ligeros.

Cuando el diminuto colibrí bate las alas deprisa se queda suspendido en el aire.

Aves que no vuelan

Los avestruces son las aves más grandes del mundo. Pesan tanto que sus pequeñas alas no pueden sostenerlas en el aire. En cambio, cuentan con unas patas grandes y robustas para correr a gran velocidad.

Avestruces en plena carrera

Los pingüinos tampoco vuelan, pero nadan bajo el agua y utilizan las alas como aletas. Son estupendos nadadores y se mueven muy deprisa en el agua.

Los pingüinos se sumergen para atrapar peces.

Picos y cuerpos

La forma del pico y el cuerpo del ave
le ayuda a cazar y comer la comida
que le gusta. Aquí verás que los
pájaros tienen picos y cuerpos
muy distintos.

Vida marítima

Los frailecillos viven cerca
del mar. Comen pescado
y nadan muy bien bajo
el agua, porque tienen el
cuerpo robusto y las alas cortas.
Pueden volar, pero son más
torpes en el aire que en el agua.

Alas y garras

Las enormes alas de esta águila calva
le permiten planear sin esfuerzo
sobre el agua en busca
de peces. Sus afiladas
garras sujetan bien a la
presa mientras vuela
de vuelta al nido.

Esta águila
calva tiene
garras afiladas
para atrapar
peces.

El frailecillo tiene
los pies palmeados
para impulsarse
mejor en el agua.

Distintos picos

El pico de las aves es una herramienta para buscar comida. El largo pico de este tucán le permite alcanzar la fruta entre el denso ramaje de la selva.

El pico serrado del tucán le permite sujetar bien la fruta.

Excavadoras

Como muchas aves de río y playa, este corocoro colorado tiene un pico largo y delgado con el que escarba en el limo de las orillas de los ríos en busca de camarones y gusanos.

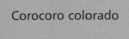

Corocoro colorado

Lanzas y redes

Muchas aves se alimentan de otros animales. Algunas son fieras cazadoras que pueden matar presas del tamaño de un mono. Aquí tienes tres aves rapaces que utilizan el pico de forma distinta.

La garza utiliza el pico como si fuera una daga para atravesar peces.

El buitre tiene un pico ganchudo para desgarrar la carne de los animales muertos.

El pelícano emplea su pico en forma de bolsa como una red de pesca.

El lenguaje de las aves

Las aves se pasan mensajes unas a otras con sus trinos y sus graznidos. Pero ésta no es su única manera de "hablar". Su lenguaje corporal también indica a los demás pájaros lo que quieren hacer.

Cantos

Todas las aves trinan o graznan, pero algunas, llamadas aves canoras, tienen cantos más complejos. Los machos suelen cantar para atraer a las hembras o para indicar que poseen un determinado territorio.

El sabanero canta mientras patrulla por su territorio, para advertir a otras aves que no serán bienvenidas.

Danzas

Muchos pájaros macho, como el sula piesazules de la derecha, danzan para atraer a las hembras. Si el sula lo consigue, la hembra se acercará y le tocará el cuello con el pico. Los somormujos que ves abajo también realizan una danza de cortejo.

Un somormujo se acerca a otro con las alas arqueadas.

El macho y la hembra menean la cabeza.

Se ofrecen algas durante el cortejo.

Este sula macho intenta atraer a la hembra levantando su vistoso pie azul.

Hora de presumir

Otra forma de atraer a una pareja es mostrar colores espectaculares. La chachalaca de las praderas hincha de aire unas bolsas que tiene a los lados del cuello. El tragopán hincha el buche para mostrar unos pliegues rojos y azules de piel.

Un tragopán macho presumiendo

Aquí se ve una de las bolsas de aire amarillas de una chachalaca de las praderas.

Un nido de amor

El pájaro jardinero macho hace un hueco en la hierba y lo decora con objetos como plumas, botones y caparazones. Cuando la hembra lo visita, el macho recoge uno de estos objetos y se pavonea.

Un pájaro jardinero (azul) intenta atraer a una hembra.

¡Cuidado!

Los pájaros emplean señales para amenazar a sus rivales. Para asustar a otra ave y evitar una pelea basta, por lo general, con mostrar que están enfadados. El águila filipina de la derecha advierte a sus rivales que está dispuesta a atacar.

Esta águila eriza las plumas de la cabeza para asustar a sus rivales.

31

Nidos y polluelos

Poco después de aparearse, la hembra pone los huevos. Luego tiene que mantenerlos calientes para que se desarrollen los polluelos.

Un lugar seguro

Casi todas las aves construyen nidos para proteger a la madre y los huevos de los enemigos. Los nidos son un lugar seguro para los polluelos cuando nacen.

Clases de nidos

Cada especie de ave construye su nido de forma diferente, aunque la mayoría de los nidos muestran rasgos similares. Muchos tienen forma de copa y están hechos de barro, pelo, plumas y ramitas.

Las golondrinas hacen nidos de barro pegados a la pared.

El pájaro sastre cose grandes hojas con fibras vegetales.

El nido del chamarón está hecho de musgo, liquen y telarañas.

El nido de este pájaro moscón está hecho de ramitas y fibras de juncos, y cuelga de la rama de un árbol.

Al salir del huevo

Las aves incuban sus huevos durante dos semanas o más. Los pájaros grandes tienen que incubarlos más tiempo. Cuando el polluelo está listo para salir, rompe la cáscara del huevo. La mayoría de los polluelos necesitan muchos cuidados.

Una cría de polla de agua rompiendo la cáscara del huevo.

Una abubilla alimentando a un polluelo hambriento

Polluelos hambrientos

Todos los polluelos tienen mucha hambre y necesitan comer constantemente. La abubilla de la ilustración viene y va de su nido cientos de veces al día para buscar termitas, orugas y otros insectos con los que alimentar a sus tres o cuatro polluelos.

Protección de la familia

Esta madre cisne y sus polluelos se reúnen en torno al nido. Los pequeños pasan unos cuatro meses con sus padres, que los protegen y los llevan allí donde hay comida.

Cuando los pequeños dejan el nido viven solos, pero se aparean a los dos años.

Los cisnes construyen enormes nidos junto al agua a base de ramitas.

Los reptiles

¿Por qué un reptil es un reptil? Porque tiene la piel escamosa, pone huevos y es de "sangre fría". Esto significa que su cuerpo no produce calor y tiene más o menos la temperatura de su entorno. Los lagartos, serpientes, tortugas y cocodrilos son reptiles.

Esta serpiente es una boa esmeralda. Caza pájaros.

Serpientes

Todas las serpientes son carnívoras. Algunas comen insectos y gusanos, pero otras pueden devorar presas del tamaño de un cocodrilo. Las serpientes se encuentran en todo el mundo, excepto en la Antártida.

Lagartos

La mayoría de los lagartos son pequeños y ágiles, aunque algunos pueden llegar a alcanzar los tres metros de longitud. Igual que las serpientes, se encuentran en casi todas las zonas del planeta.

Cocodrilos

Los cocodrilos y sus parientes cercanos, los caimanes, son fieros cazadores que habitan en las orillas de los ríos de los países cálidos. En ciertas condiciones, los cocodrilos pueden llegar a vivir más de cien años.

Cocodrilo del Nilo

El dragón verde es un lagarto que vive en las selvas del sur de la India.

La larga cola le ayuda a guardar el equilibrio sobre ramas muy delgadas.

Tortugas marinas

Estas tortugas pasan la vida en mares cálidos y poco profundos, y sólo salen a tierra firme para poner huevos. Algunas nadan cientos de kilómetros para encontrar un lugar donde tener sus crías.

Las tortugas marinas tienen aletas en vez de patas.

Tortuga carey

Tortugas terrestres

Son parecidas a las tortugas marinas, pero viven en tierra firme.

Las tortugas están muy bien protegidas por sus duros caparazones.

Calor y frío

Como los reptiles son de sangre fría, el calor y el frío les afectan más que a los animales de sangre caliente. Si se quedan demasiado fríos, se vuelven muy lentos. Si tienen demasiado calor se secan y mueren. Un reptil pasa gran parte del día tratando de mantener la temperatura adecuada.

La piel correosa de la iguana impide que se seque.

Por la mañana toman el sol para calentarse después de la fría noche.

Al mediodía, cuando hace más calor, se esconden a la sombra.

Por la tarde se ponen al sol o a la sombra para mantenerse calientes o frescos.

Ataque y captura

La mayoría de los reptiles son carnívoros.
Sus métodos de caza son extraordinarios.

Disparos certeros

Los camaleones comen insectos. Cuando
están cerca de su presa enroscan la cola
en torno a una rama. Luego apuntan
con cuidado y disparan la lengua, que
es muy larga y pegajosa. Tienen que ser
sigilosos, rápidos y certeros,
porque los insectos se
mueven muy deprisa.

Al acecho

Los cocodrilos acechan bajo la
superficie de los ríos y atacan
por sorpresa a los animales
que acuden a beber. Los
cocodrilos no pueden masticar,
así que se tragan enteras las
presas pequeñas. Con sus
fuertes mandíbulas muerden
y aplastan las presas más
grandes antes de engullirlas.

El camaleón está
listo para atacar. Se
queda muy quieto,
para que el insecto
no note su presencia.
Sólo mueve los ojos.

Dispara la lengua,
que tiene enroscada
en la boca. Su
lengua es casi
tan larga como
su cuerpo.

El insecto se
queda pegado
a la lengua. El
camaleón se lo
lleva a la boca
y se lo come.

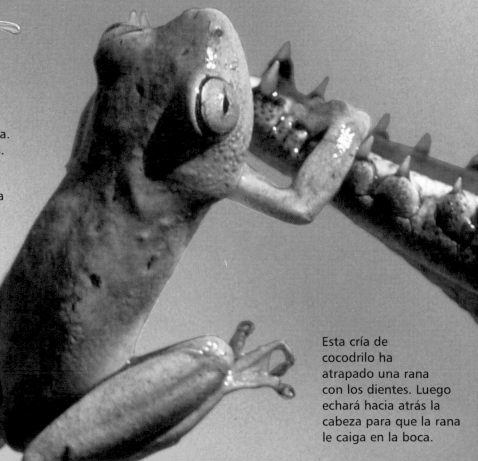

Esta cría de
cocodrilo ha
atrapado una rana
con los dientes. Luego
echará hacia atrás la
cabeza para que la rana
le caiga en la boca.

Las ranas son uno
de los alimentos
favoritos de las
crías de cocodrilo.

Los modales en la mesa

Las serpientes emplean métodos fascinantes y horribles para matar a sus víctimas. Muchas pueden devorar animales más grandes que ellas.

Las serpientes son capaces de separar la mandíbula superior de la inferior, lo cual les permite abrir muchísimo la boca. Su cuerpo también se estira para dar cabida a la presa que se esté comiendo.

La serpiente arbórea del Cabo trepa a los árboles y captura a los pájaros en sus nidos.

La serpiente coral, como muchas otras serpientes, tiene colmillos venenosos. El veneno paraliza a sus víctimas.

Esta anaconda estruja al cocodrilo hasta matarlo.

Un pliegue de piel cubre la parte trasera de la garganta del cocodrilo, para impedir que trague agua cuando se sumerge.

Aquí se ve cómo se separan las mandíbulas de la serpiente para poder tragarse este enorme bocado.

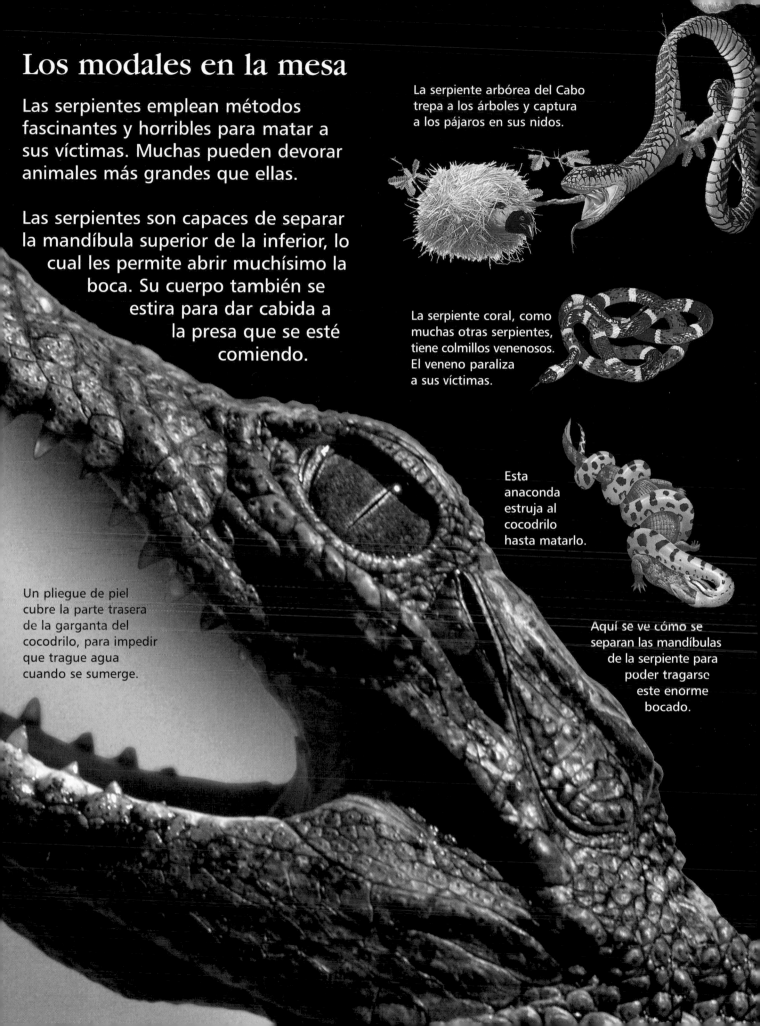

Sentidos especiales

Los reptiles perciben el mundo como otros animales: mediante el gusto, el olfato, la vista, el oído y el tacto. Pero algunos reptiles utilizan estos sentidos de forma peculiar.

El geco se sirve de su excelente oído y su visión nocturna para cazar insectos.

El geco no tiene párpados. Se limpia los ojos con la lengua.

Visión nocturna

Como muchos cazadores nocturnos, el geco común tiene los ojos grandes para poder captar la más mínima luz. De día sus pupilas se cierran hasta convertirse en una rendija y así proteger sus ojos tan sensibles de la luz.

La pupila se hace muy pequeña de día y deja pasar muy poca luz.

De noche la pupila se abre para dejar pasar toda la luz posible.

"Ver" el calor

Muchos reptiles tienen otros sentidos. Por ejemplo, la serpiente crotalina es capaz de "ver" el calor. Tiene unas hendiduras en la cabeza para captar el calor que despiden otros animales. Con este sexto sentido, puede cazar en la oscuridad.

Las hendiduras de la serpiente crotalina están justo delante de sus ojos.

Ojos bizcos

Los ojos de un camaleón pueden mirar en dos direcciones al mismo tiempo, porque los giran en busca de insectos. No se sabe si su cerebro ve una o dos imágenes a la vez.

Observa que los ojos de este camaleón miran en distintas direcciones.

Esta nauyaca cornuda está "saboreando" el aire con la lengua.

Lengua bífida

Las serpientes ven y oyen muy mal. La mayoría encuentra a su presa oliendo y percibiendo las vibraciones que provocan en la tierra los movimientos de los animales.

También "saborean" el aire metiendo y sacando la lengua de la boca. Esto les ayuda a captar el olor de otros animales.

Defensas de los reptiles

Casi todos los reptiles tienen que estar siempre en guardia para sobrevivir porque hay muchas aves, mamíferos y otros reptiles dispuestos a cazarlos en un instante. Las tácticas de defensa que usan son muy ingeniosas.

Aumentar de tamaño

Algunos reptiles presentan un aspecto más grande y fiero cuando los arrincona un enemigo. Casi todos lo consiguen desplegando alguna parte de su cuerpo.

Este lagarto de cuello de abanico extiende un volante de piel en torno a su cuello y se adelanta emitiendo un agudo siseo. Si esto no da resultado, sale corriendo.

Este lagarto de cuello de abanico intenta parecer amenazador.

Cambio de color

Los camaleones cambian el color de la piel para camuflarse. El color también refleja su estado de ánimo. Debajo puedes ver cómo cambian de color.

El camaleón se ha tornado verde para confundirse entre las hojas.

Ahora se vuelve marrón para no destacar por el suelo de la selva.

Cuando está enfadado le salen rayas para advertir a sus enemigos.

Este camaleón se camufla en un árbol.

El truco de la cola

Es un truco especial que despista a muchos enemigos. Casi todos los lagartos pueden desprenderse de la cola si los atacan. La cola sigue moviéndose durante unos minutos, distrayendo al atacante.

Este eslizón ha soltado su cola.

Púas

El cuerpo del moloc está cubierto de púas muy afiladas que lo convierten en un bocado muy poco apetitoso.

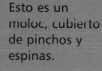

Esto es un moloc, cubierto de pinchos y espinas.

Hacerse el muerto

Muchos animales sólo comen la carne de presas que han matado ellos mismos. Por eso hay reptiles que fingen estar muertos cuando les amenaza algún peligro.

Esta culebra cuello de anillo finge estar muerta.

Crías de reptil

Algunos reptiles protegen sus huevos y crías cuando nacen, pero la mayoría ponen los huevos en un lugar seguro y dejan que las crías se defiendan solas.

Cocodrilos cariñosos

Los cocodrilos del Nilo cuidan de sus crías. La madre pone cuarenta huevos y, junto con el padre, los cuida durante noventa días.

Cuando las crías salen del huevo, la madre se las mete en la boca para llevarlas a un remanso tranquilo donde cuidar de ellas.

Un mal comienzo

Las tortugas marinas ponen sus huevos de noche en agujeros en la playa y luego vuelven al mar. Cuando las crías salen, se precipitan hacia el agua, pero el viaje es muy peligroso. Los cangrejos y las aves marinas se comen a muchas por el camino.

Las crías de tortuga corren lo más deprisa que pueden para llega al mar antes de que se las coman.

Una cría de cocodrilo saliendo del huevo

Aquí vemos una tortuga poniendo huevos en la arena.

Al salir del huevo, la cría de cocodrilo emite unos chillidos para llamar la atención de la madre.

42

Un nido especial

Las serpientes suelen abandonar sus huevos, pero esta pitón los protege haciendo un nido con su propio cuerpo. Pone unos cien huevos y se enrosca en torno a ellos durante unos tres meses.

Como los huevos tienen que mantenerse calientes para desarrollarse, la pitón se estremece y hace subir unos grados la temperatura de su cuerpo.

Una pitón australiana. Entre los anillos se ven los huevos.

Nacimientos rápidos

Algunos reptiles paren a sus crías, y otros, como el camaleón enano, ponen huevos que se desarrollan muy deprisa.

Muchos animales se comen los huevos de otros. Si una cría sale pronto del huevo, tiene más posibilidades de sobrevivir.

Adultos en miniatura

Los reptiles salen del huevo totalmente desarrollados y listos para enfrentarse solos al mundo. Aunque son más pequeños que los adultos, poseen todas las habilidades e instintos de sus padres.

Una cría de geco recién salida del huevo.

Un camaleón pone un huevo pegajoso en una rama.

El huevo ya tiene una cría desarrollada dentro.

Al cabo de pocas horas, la cría sale del huevo.

Los invertebrados

El mundo está lleno de criaturas diminutas. Más de las cuatro quintas partes de todos los animales conocidos son invertebrados. Aquí tienes algunos de los que habitan este mundo en miniatura.

Clases de insecto

Tanto las abejas como las libélulas son insectos, aunque se comportan de manera muy distinta. Por ejemplo, las abejas viven juntas en grandes grupos, mientras que las libélulas viven solas.

La libélula (izquierda) y la abeja (derecha) tienen un aspecto muy distinto, pero ambas son insectos.

Cabeza

Tórax

Abdomen

Los insectos adultos tienen seis patas y el cuerpo dividido en tres partes: cabeza, tórax y abdomen. Casi todos los insectos tienen alas en alguna etapa de su vida.

Arañas

Las arañas no son insectos. Pertenecen a la especie animal de los arácnidos. Las arañas tienen ocho patas y el cuerpo dividido en dos partes. No tienen alas y la mayoría teje telarañas para atrapar alimento.

La araña argíope es una de las mayores arañas de Australia. Las hembras pueden alcanzar los 45mm de largo.

Muchas patas

Los ciempiés y milpiés tienen más patas que ningún otro animal. Sus cuerpos constan de la cabeza y una serie de segmentos. Los ciempiés tienen hasta cien patas, mientras que algunos milpiés llegan a tener setecientas. Como muchos otros invertebrados, tienen unos apéndices sensores en la cabeza: las antenas.

Dos milpiés tropicales apareándose

Caracoles viscosos

Los caracoles tienen un caparazón duro en el que se pueden refugiar para protegerse de los enemigos. Los caracoles de tierra, como el de la derecha, viven en sitios húmedos, por ejemplo debajo de piedras y hojas. Algunos caracoles pueden vivir bajo el agua.

Los caracoles tienen una lengua áspera con la que arañan la superficie de las plantas para comer.

Esta especie de caracol se llama *Cepaea nemoralis*. Como todos los caracoles, tiene el cuerpo viscoso y avanza deslizándose.

Un caracol puede meter todo el cuerpo en su caparazón cuando lo atacan.

Crías

Las hembras de la mayoría de los invertebrados ponen huevos. Algunas los dejan abandonados, otras los vigilan y las hay que incluso cuidan de las crías.

Cuidados maternales

Las polillas ponen los huevos en hojas y los abandonan. Las crías se llaman orugas. Aunque salen del huevo con mucha hambre, tienen una buena provisión de alimento.

Una oruga comiéndose una hoja

La araña lobo se lleva sus huevos dondequiera que va y los cuida hasta que salen las crías. Para transportarlos teje un capullo.

Una araña lobo con sus huevos en un capullo

Este escorpión hembra protege sus huevos y luego lleva a las crías en el lomo.

Un escorpión transportando a sus crías

46

Parecidos

Algunos invertebrados, como los caracoles y los saltamontes, tienen crías que parecen versiones en pequeño de ellos mismos. El caparazón y la piel de una cría de caracol van creciendo con el tiempo.

Las crías de caracol parecen adultos en miniatura. Sus caparazones van creciendo con el tiempo.

La piel de una cría de saltamontes no crece. Cuando el animal se hace más grande, se forma una nueva capa de piel dentro de la vieja. La capa vieja se rompe y el animal sale de ella.

Aquí se ve la piel vieja de un saltamontes.

Este joven saltamontes está saliendo de su piel vieja.

Las alas son todavía demasiado pequeñas para volar.

Un gran cambio

Algunas crías no se parecen en nada a sus padres. De un huevo de mariquita sale una larva. Cuando la larva crece, desarrolla a su alrededor una capa dura llamada pupa. Dentro de esta pupa la larva se convierte en adulto y sale después de tres semanas. Al principio la mariquita es amarilla, pero pronto cambia de color.

Una mariquita poniendo huevos

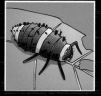

Larva de mariquita. Come mucho y crece.

Pupa de mariquita. Está pegada a una hoja.

Nuevo adulto. Pronto será negro y rojo.

¡A comer!

La mayoría de los invertebrados sólo comen una clase de alimento. Muchos comen carne, más de la mitad se alimenta de plantas y algunos, hasta de estiércol. Aquí se describen los métodos que usan para encontrar, consumir y almacenar comida.

Sus compañeras de colonia han atiborrado de miel a esta hormiga. La hormiga almacena la miel para cuando la colonia necesite comida.

Los grillos tienen unas mandíbulas muy fuertes. Pueden hacer estragos en las cosechas.

Bocas

La boca de un insecto está adaptada para comer tipos determinados de alimento. Aquí verás tres clases de bocas de insectos muy diferentes.

Las mandíbulas de los saltamontes son como pinzas. Con ellas arrancan trocitos de plantas.

La hembra del mosquito tiene un tubo largo y afilado (en rojo en la ilustración). Lo utiliza para atravesar la piel y chupar la sangre.

La boca de las moscas es como una esponja con la que absorben la comida.

Una trampa de seda

Hay muchas arañas, como esta araña de jardín, que tejen una telaraña para atrapar comida. Producen el hilo sedoso en una bolsa especial que tienen en el abdomen.

La tela de esta araña de jardín es pegajosa. Las moscas se quedan pegadas a ella.

El hilo sale por el extremo del abdomen.

Las patas de la araña están cubiertas de una película aceitosa, para que no se peguen a la telaraña.

Pelotas de estiércol

Los escarabajos peloteros se alimentan de estiércol. La pareja de la ilustración transporta una bola al nido. La hembra pondrá en ella los huevos para que las crías se alimenten al nacer.

Una chinche asesina atacando a una mariquita.

Escarabajos peloteros

Insectos chupadores

Las chinches asesinas son insectos que inyectan saliva en sus víctimas. La saliva disuelve a la presa por dentro y la chinche chupa los jugos.

Trucos y disfraces

Existen invertebrados de todo tipo y color. Algunos tienen características que confunden o asustan a sus enemigos. Otros cuentan con armas incorporadas.

Cola

Cabeza auténtica

Esta mariposa tiene una cabeza falsa en la cola, para confundir a sus enemigos.

Asesinos invisibles

Una mantis religiosa acecha en esta buganvilla. Su forma y su color se parecen al de las flores. Cuando otro insecto aterriza en la planta, la mantis se abalanza sobre él.

Para otro insecto, esta mantis parece una flor.

¡Cuidado!

A veces, lo importante es llamar la atención. Los colores tan vistosos de estas chinches arlequinadas avisan a otros animales de que tienen un sabor muy malo.

Los enemigos aprenden a dejar en paz a estas chinches arlequinadas.

Guerra de gotas

La falsa oruga del pino se alimenta de agujas de pino, que contienen un líquido pegajoso llamado resina. Si la atacan, la larva utiliza la resina como si fuera un arma.

Una hormiga ataca a una falsa oruga del pino.

La oruga escupe una gota de resina pegajosa.

La oruga deja a la hormiga pegada con la resina.

Aguijones

Las avispas, las abejas y otros insectos que tienen aguijón, inyectan un líquido que mata o hiere a su presa.

Esta avispa es una *Ammofila sabulosa*. Está paralizando a una oruga con su aguijón.

Mariposas

Las mariposas se cuentan entre los insectos con más colorido. La mayoría sólo vive unas semanas durante las que se aparean, ponen huevos y mueren.

Alas de mariposa

Las alas de las mariposas están cubiertas de pequeñas escamas brillantes y de colores. Estas escamas reflejan la luz, y por eso las mariposas relucen al volar.

Cuando una mariposa tiene las alas abiertas, como se ve a la derecha, recibe calor del sol. Esto le da energía para volar.

Cuando tiene las alas cerradas, está descansando. Se pone de cara al sol, para que su sombra sea pequeña y los enemigos no la vean.

Esta mariposa se llama ícaro. Tiene las alas extendidas para recibir el calor del sol.

Las mariposas acuden a las plantas para alimentarse bebiendo el néctar de las flores.

Una mariposa con las alas cerradas

Una mariposa con las alas abiertas

Los dibujos

Los bonitos colores y dibujos de las alas sirven para que las mariposas reconozcan a las de su propia especie y puedan aparearse. Pero los dibujos sirven también a otros propósitos.

Las alas irregulares de una mariposa comma hacen que parezca una hoja seca cuando está en el suelo.

Los círculos de la mariposa ojo de pavo real parecen los ojos de una cara. Esto asusta a sus enemigos.

La monarca africana es venenosa. Las aves aprenden a no comerla.

Las alas oscuras de la erebia ártica le sirven para absorber calor en las zonas frías donde vive.

Esta cola de golondrina no es venenosa, pero las aves creen que es una monarca africana y no se la comen.

Los dibujos de la mariposa de los olmos sirven para atraer pareja.

Metamorfosis

La mariposa hembra pone los huevos en una planta determinada. De cada huevo sale una oruga que se alimenta de la planta. Cuando la oruga crece se convierte en crisálida con un caparazón duro (ilustración inferior) y más tarde se transforma en mariposa.

Esta oruga va a convertirse en crisálida.

Se forma dentro del cuerpo y rompe la piel.

La crisálida se endurece. Dentro está cambiando.

Al cabo de dos semanas sale una mariposa.

La mariposa abre las alas y echa a volar.

La vida en el mar

El mar está lleno de vida. La mayoría de las criaturas marinas viven cerca de la costa, pero hay muchas que habitan en los océanos y en el fondo marino.

¿Qué es un pez?

Todos los peces viven en el agua. Dentro del cuerpo tienen un esqueleto y la mayoría están cubiertos de escamas pequeñas y suaves.

Peces cartilaginosos

Los tiburones y las rayas no son como los otros peces. Sus esqueletos son de cartílago en vez de hueso, y tienen las escamas ásperas.

El pez roncador está cubierto de escamas suaves.

Respiración

Los peces "respiran" haciendo pasar el agua por una hilera de branquias que tienen en el fondo de la boca. Las branquias extraen el oxígeno del agua.

Las escamas de esta raya son como de lija.

El pez abre la boca para tragar agua.

El agua pasa por las branquias y sale por las agallas.

Curiosas criaturas

En el mar no sólo viven los peces. Hay tantas especies de animales, desde ballenas hasta estrellas de mar, como en tierra. Aquí tienes algunos animales de las zonas costeras.

La estrella de mar atrapa a otras con los brazos para alimentarse.

Babosas

Esta llamativa babosa marina es pariente de la babosa terrestre, que es mucho menos bonita. Sus vivos colores son para advertir a otros animales de que es venenosa.

Esta babosa de mar tiene tentáculos venenosos.

Caparazones

La mayoría de los cangrejos están cubiertos por un duro caparazón que los protege. El cangrejo ermitaño, sin embargo, sólo está revestido en su mitad frontal. Para resguardar el resto del cuerpo se introduce caminando hacia atrás en un caparazón vacío que se lleva consigo.

El cangrejo ermitaño busca un caparazón vacío para proteger sus partes traseras. Aquí se le ve alojado dentro de uno.

Gusanos

Muchos gusanos viven a la orilla del mar. Este gusano es una eulalia verde, que vive entre las rocas de las charcas y en la arena mojada de las playas.

Eulalia verde

Pececitos

Casi todos los peces ponen huevos. Algunos ponen hasta doscientos mil de una vez, pero muchos son devorados por otros animales antes de alcanzar la edad adulta. Muy pocos peces cuidan de sus huevos y todavía son menos los que siguen cuidando a los pececitos cuando nacen.

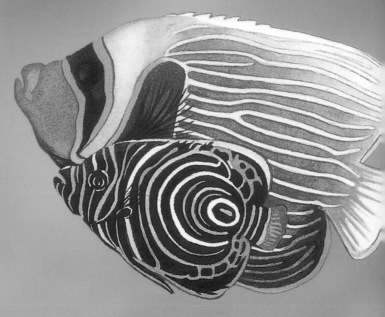

Un pez ángel joven y un adulto. La cría es de distinto color para que el adulto no la ataque confundiéndola con un rival.

El caballito de mar macho lleva los huevos en el vientre, que por eso está hinchado.

Caballitos de mar

El caballito de mar macho lleva los huevos de la hembra en una bolsa que tiene en el vientre. Las crías parecen adultos en miniatura y nadan en cuanto salen de la bolsa.

Aquí se ve una cría de caballito de mar saliendo de la bolsa de su padre.

Una cuna en la boca

El pez cardenal esconde sus huevos en la boca para protegerlos. No come mientras los guarda, aunque las crías tardan hasta un mes en nacer. Si se asusta o le molestan, puede llegar a tragárselos.

Huevos flotantes

La mayoría de los huevos de los peces flotan en el agua o se depositan entre rocas o algas. Aquí se ve cómo un huevo se convierte en cría de pez.

Los huevos en la boca del pez cardenal parecen bolitas de cristal.

A salvo

Después de nacer, la cría de pez aún corre peligro de ser devorada por un enemigo. El cíclido, un pez de agua dulce, no sólo guarda los huevos en la boca, sino también a las crías cuando nacen, hasta que son bastante grandes para cazar por sí mismas.

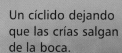

Un cíclido dejando que las crías salgan de la boca.

El huevo de pez está lleno de yema. El pececito crece dentro del huevo alimentándose de la yema.

La cría ha nacido. Todavía se alimenta de la yema que lleva en una bolsa bajo el cuerpo.

La yema dura hasta que el pez es bastante grande para buscar comida por sí mismo.

Cazadores marinos

Los animales marinos comen lo que pueden y cuando pueden. Algunos se pasan días sin alimentarse, mientras que otros cazan todo el tiempo. Aquí verás cómo cazan algunos de ellos.

Dientes y mandíbulas

Las bocas de estos tres peces son muy diferentes. El cetorrino nada con la boca abierta para atrapar en su garganta pequeños animales.

El pez pelícano vive en aguas profundas, donde hay poca comida. Tiene una boca tan enorme que puede comer peces de casi cualquier tamaño.

La barracuda tiene unos dientes muy afilados. Puede arrancar un bocado de un pez más grande que ella y luego alejarse nadando a toda prisa.

Pez pelícano

Cetorrino

Barracuda

Un pez pescador

El rape tiene un pequeño "cebo" movedizo sobre su cabeza. Con él atrae a otros peces.

Pulpo

Este rape acecha en el fondo del mar y se arroja sobre cualquier pez que se acerque a investigar.

Muchos tentáculos

El pulpo atrapa a su presa con las ventosas de sus tentáculos.

El pulpo dispone de ocho tentáculos con los que atrapa peces. Luego se los mete en la boca, que tiene forma de pico y está situada debajo del cuerpo.

Pez león

Trampa de aletas

El pez león utiliza sus largas y afiladas aletas para guiar a peces más pequeños hasta el borde de los arrecifes de coral donde suele cazar. Cuando los pececillos están arrinconados, el pez león se arroja sobre ellos.

El pez león tiene unas aletas muy afiladas y venenosas.

Monstruos marinos

Los tiburones que patrullan los mares y los océanos se cuentan entre los cazadores más fieros del mundo. En las profundidades del mar también se esconden criaturas todavía más aterradoras.

En las mandíbulas del tiburón sobresalen las hileras de colmillos afilados.

Máquinas de matar

Los tiburones tienen unos dientes afilados y aserrados para desgarrar la comida en trozos fáciles de tragar. Se les caen los dientes, pero los pueden renovar.

Los tiburones toro cazan en grupo. Primero rodean entre tres o cuatro a un banco de peces y luego se los comen.

Corte transversal de la mandíbula inferior de un tiburón.

El tiburón pierde un diente al morder a una presa.

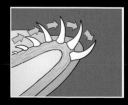

Un nuevo diente se adelanta para sustituir al que se ha caído.

A oscuras

Las zonas más profundas del mar son lugares inhóspitos, muy oscuros y fríos, donde no hay plantas. Los pocos peces que sobreviven allí son muy buenos cazadores. Tienen que atrapar cualquier comida que encuentren.

Este pez de las profundidades es un *Pseudocopelus*.

Los dientes apuntan hacia atrás, para que a las presas les resulte difícil escapar.

Dientes y luces

Los peces de las profundidades suelen tener la boca grande y los dientes muy afilados para sujetar bien a sus presas. Muchos tienen manchas luminosas que atraen a otros peces.

Este pez víbora tiene puntos luminosos en el cuerpo.

Pececillos

Este pequeño pez linterna se alimenta de camarones. Suele subir a la superficie para cazar.

Este pez linterna tiene el tamaño de un dedo pulgar.

Interruptores

Algunos peces linterna tienen un bulto luminoso debajo de los ojos que pueden encender y apagar como si fuera un interruptor. Los expertos creen que lo hacen para enviarse señales.

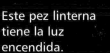

Este pez linterna tiene la luz encendida.

Arrecifes de coral

Los arrecifes de coral crecen junto a la
costa de los mares cálidos. Están llenos
de peces y otras criaturas marinas
porque disponen de abundante
comida y de muchos escondrijos.

Una colonia

Los arrecifes están formados por millones
de animales diminutos: los corales,
que tienen el cuerpo blando, cubierto
por un esqueleto más duro. Los corales
nuevos crecen sobre los esqueletos
de los corales muertos y un arrecife
está formado por millones de
corales vivos y muertos.

En el arrecife viven
juntos muchos
corales diferentes.

Pez hinchable

En los arrecifes de coral viven muchísimos animales distintos. En esta página puedes ver algunos de ellos. El ejemplar de la ilustración es un pez globo, que se hincha hasta convertirse en una bola de púas si está en peligro.

El pez globo suele tener este aspecto.

Cuando está en peligro, el pez globo se hincha. Gracias a sus púas, no es un bocado muy apetitoso.

Ayuda mutua

Estos peces limpiadores azules y negros se comen la piel muerta y los parásitos del mero. Los limpiadores comen gratis, y el mero se queda limpio.

Un pequeño pez limpiador se alimenta a salvo dentro de la boca de un mero.

Comida de coral

El pez loro viejo se llama así por su boca con forma de pico. Con ella picotea el duro arrecife de coral y se come las diminutas criaturas blandas que hay dentro.

Loro viejo

Vistosos colores

La criatura de la derecha es una especie de babosa de mar. Sus vivos colores avisan a otros animales de que es venenosa. La babosa de mar mueve los pliegues de sus costados para nadar.

Las púas naranja con forma de dedo son las branquias de la babosa de mar.

Índice de nombres de animales

Agradecimientos

Diseño adicional: Jane Rigby
Ilustraciones digitales: Richard Cox

Procedencia de las fotografías

Clave: s – superior, c – centro, i – inferior

Bruce Coleman Collection: 4 (Erwin & Peggy Bauer), 24 (John Cancalosi), 25 (Dr. Scott Nielsen), 27 (Joe McDonald), 46 (Andrew Purcell), 47s (Waina Cheng Ward). **Corbis:** 7 (Jack Fields), 11 (Joe McDonald), 14 (Roger Wilmshurst; Frank Lane Picture Agency), 15 (Steve Kaufman), 18 (Karl Amman), 19 (Jean Hosking; Frank Lane Picture Agency), 22 (George Lepp), 23 (Wolfgang Kaehler), 30 (Wolfgang Kaeler), 32 (Uwe Walz), 33 (Johnathan Smith; Cordaiy Photo Library), 36-37 (Jonathan Blair), 39 (Kevin Schafer), 40 (David A. Northcott), 42 (Anthony Bannister; ABPL), 43s (Chris Mattison; Frank Lane Picture Agency), 43i (Michael & Patricia Fogden), 46 (Karen Tweedy-Holmes), 48 (Michael & Patricia Fogden), 49 (Anthony Bannister; ABPL), 50 (Michael & Patricia Fogden), 54 (Lawson Wood), 58 (Stephan Frink), 59s (Jeffrey L. Rotman), 59i (Stephen Frink), 62 (Lawson Wood), 63 (Robert Yin). © **Digital Vision:** portada (fotografía principal), contraportada, 1, 2-3, 17c, 47i. **Natural History Photographic Agency:** portada s (Stephen Dalton). **OAR/National Undersea Research Program (NURP):** 55s. **Planet Earth Pictures:** 6 (K & K Ammann), 9 (Steve Bloom), 10 (Ken Lucas), 12 (Anup Shah), 13 (Neil McIntyre), 16-17 (Frank Krahmer), 20-21 (Pete Atkinson), 21i (Doc White), 26-27 (Brian Kenney), 34s (Brian Kenney), 34i (K. Jayaram), 35 (S.J. Vincent), 44 (Geoff Du Feu), 45 (Mick Martin), 51 (David Maitland), 55i (Nancy Sefton), 56 (Georgette Douwma), 57s (P. Rowland), 57i (Georgette Douwma), 61 (Peter David). **Fotogramas:** 8 (M & C Denis-Huot), 29 (Michael Sewell), 60 (Jeffrey L. Rotman).

Se han adoptado las medidas oportunas para establecer la propiedad del copyright.
Los editores están dispuestos a subsanar cualquier omisión involuntaria.

Procedencia de las ilustraciones

Sophie Allington, John Barber, Isabel Bowring, Trevor Boyer, Robert Gilmore, Rebecca Hardy, David Hurrell, Ian Jackson, Nicki Kemball, Steven Kirk, Rachel Lockwood, Malcolm McGregor, Dave Mead, maurice Pledger, David Quinn, Chris Shields, Treve Tamblin, David Wright.